D1735759

DER STRUWWELPETER UND DIE STRUWWELLIESE

DER STRUWWELPETER UND DIE STRUWWELLIESE

NIKOL
VERLAG

© 2014 Nikol Verlagsgesellschaft mbH & Co. KG,
Hamburg

Umschlag: Timon Schlichenmaier, Hamburg
Satz & Layout: Röser MEDIA GmbH & Co. KG, Karlsruhe
Druck: Finidr s.r.o.
Printed in the Czech Republic
ISBN: 978-3-86820-225-0

www.nikol-verlag.de

Inhalt

Der Struwwelpeter
oder
lustige Geschichten
und
drollige Bilder

Der Struwwelpeter

oder

lustige Geschichten

und

drollige Bilder

Wenn die Kinder artig sind
Kommt zu ihnen das Christkind;
Wenn sie ihre Suppe essen
Und das Brot auch nicht vergessen,
Wenn sie, ohne Lärm zu machen,
Still sind bei den Siebensachen,
Beim Spaziergehn auf den Gassen
Von Mama sich führen lassen,
Bringt es ihnen Gut's genug
Und ein schönes Bilderbuch.

Der Struwwelpeter

oder

lustige Geschichten

und

drollige Bilder

Wenn die Kinder artig sind,
kommt zu ihnen das Christkind;
wenn sie ihre Suppe essen
und das Brot auch nicht vergessen,
wenn sie, ohne Lärm zu machen,
still sind bei den Siebensachen,
beim Spaziergehn auf den Gassen
von Mama sich führen lassen,
bringt es ihnen Guts genug
und ein schönes Bilderbuch.

Sieh einmal, hier steht er,
Pfui! Der Struwwelpeter!
An den Händen beiden
Ließ er sich nicht schneiden
Seine Nägel fast ein Jahr;
Kämmen ließ er nicht sein Haar.
Pfui! Ruft da ein jeder:
Garst'ger Struwwelpeter!

Sieh einmal, hier steht er,
pfui, der Struwwelpeter!
An den Händen beiden
ließ er sich nicht schneiden
seine Nägel fast ein Jahr;
kämmen ließ er nicht sein Haar.
Pfui, ruft da ein jeder:
Garst'ger Struwwelpeter!

DIE GESCHICHTE VOM BÖSEN FRIEDERICH

Der Friederich, der Friederich,
Das war ein arger Wüterich!
Er fing die Fliegen in dem Haus
Und riß ihnen die Flügel aus.
Er schlug die Stühl' und Vögel tot,
Die Katzen litten große Not.
Und höre nur, wie bös er war:
Er peitschte seine Gretchen gar!

Die Geſchichte vom böſen Friederich.

Der Friederich, der Friederich
das war ein arger Wüterich!
Er fing die Fliegen in dem Haus
und riß ihnen die Flügel aus.
Er ſchlug die Stühl' und Vögel tot,
die Katzen litten große Not.
Und höre nur, wie bös er war:
Er peitſchte ſeine Gretchen gar!

Am Brunnen stand ein großer Hund,
Trank Wasser dort mit seinem Mund.
Da mit der Peitsch' herzu sich schlich
Der bitterböse Friederich;
Und schlug den Hund, der heulte sehr,
Und trat und schlug ihn immer mehr.
Da biß der Hund ihn in das Bein,
Recht tief bis in das Blut hinein.
Der bitterböse Friederich,
Der schrie und weinte bitterlich. –
Jedoch nach Hause lief der Hund
Und trug die Peitsche in dem Mund.

Am Brunnen stand ein großer Hund,
trank Wasser dort mit seinem Mund.
Da mit der Peitsch' herzu sich schlich
der bitterböse Friederich;
und schlug den Hund, der heulte sehr,
und trat und schlug ihn immer mehr.
Da biß der Hund ihn in das Bein,
recht tief bis in das Blut hinein.
Der bitterböse Friederich,
der schrie und weinte bitterlich.
Jedoch nach Hause lief der Hund
und trug die Peitsche in dem Mund.

Ins Bett muß Friedrich nun hinein,
Litt vielen Schmerz an seinem Bein;
Und der Herr Doktor sitzt dabei
Und gibt ihm bitt're Arzenei.

Der Hund an Friedrichs Tischchen saß,
Wo er den großen Kuchen aß;
Aß auch die gute Leberwurst
Und trank den Wein für seinen Durst.
Die Peitsche hat er mitgebracht
Und nimmt sie sorglich sehr in acht.

Ins Bett muß Friedrich nun hinein,
litt vielen Schmerz an seinem Bein;
und der Herr Doktor sitzt dabei
und gibt ihm bittre Arzenei.

Der Hund an Friedrichs Tischchen saß,
wo er den großen Kuchen aß;
aß auch die gute Leberwurst
und trank den Wein für seinen Durst.
Die Peitsche hat er mitgebracht
und nimmt sie sorglich sehr in acht.

DIE GAR TRAURIGE GESCHICHTE
MIT DEM FEUERZEUG

Paulinchen war allein zu Haus,
Die Eltern waren beide aus.
Als sie nun durch das Zimmer sprang
Mit leichtem Mut und Sing und Sang,
Da sah sie plötzlich vor sich stehn
Ein Feuerzeug, nett anzusehn.
»Ei,« sprach sie, »ei, wie schön und fein!
Das muß ein trefflich Spielzeug sein.
Ich zünde mir ein Hölzchen an,
Wie's oft die Mutter hat getan.«

Und Minz und Maunz, die Katzen,
Erheben ihre Tatzen.
Sie drohen mit den Pfoten:
»Der Vater hat's verboten!
Miau! Mio! Miau! Mio!
Laß stehn! Sonst brennst du lichterloh!«

Die gar traurige Geschichte
mit dem Feuerzeug.

Paulinchen hört die Katzen nicht!
Das Hölzchen brennt gar hell und licht,
Das flackert lustig, knistert laut,
Grad wie ihr's auf dem Bilde schaut.
Paulinchen aber freut sich sehr
Und sprang im Zimmer hin und her.

Doch Minz und Maunz, die Katzen,
Erheben ihre Tatzen.
Sie drohen mit den Pfoten:
»Die Mutter hat's verboten!
Miau! Mio! Miau! Mio!
Wirf's weg! Sonst brennst du lichterloh!«

Doch weh! Die Flamme faßt das Kleid,
Die Schürze brennt; es leuchtet weit.
Es brennt die Hand, es brennt das Haar,
Es brennt das ganze Kind sogar.

Und Minz und Maunz, die schreien
Gar jämmerlich zu zweien:
»Herbei! Herbei! Wer hilft geschwind?
Im Feuer steht das ganze Kind!
Miau! Mio! Miau! Mio!
Zu Hilf'! Das Kind brennt lichterloh!«

Verbrannt ist alles ganz und gar,
Das arme Kind mit Haut und Haar;
Ein Häuflein Asche bleibt allein
Und beide Schuh', so hübsch und fein.

Und Minz und Maunz, die kleinen,
die sitzen da und weinen:
»Miau! Mio! Miau! Mio!
Wo sind die armen Eltern? Wo?«
Und ihre Tränen fließen
Wie's Bächlein auf den Wiesen.

DIE GESCHICHTE VON DEN SCHWARZEN BUBEN

Es ging spazieren vor dem Tor
Ein kohlpechrabenschwarzer Mohr.
Die Sonne schien ihm aufs Gehirn,
Da nahm er seinen Sonnenschirm.
Da kam der Ludwig hergerannt
Und trug sein Fähnchen in der Hand.
Der Kaspar kam mit schnellem Schritt
Und brachte seine Bretzel mit;
Und auch der Wilhelm war nicht steif
Und brachte seinen runden Reif.
Die schrien und lachten alle drei,
Als dort das Mohrchen ging vorbei,
Weil es so schwarz wie Tinte sei!

Die Geschichte von den schwarzen Buben.

Es ging spazieren vor dem Tor
ein kohlpechrabenschwarzer Mohr.
Die Sonne schien ihm aufs Gehirn,
da nahm er seinen Sonnenschirm.
Da kam der Ludwig hergerannt
und trug sein Fähnchen in der Hand.
Der Kaspar kam mit schnellem Schritt
und brachte seine Brezel mit.
Und auch der Wilhelm war nicht steif
und brachte seinen runden Reif.
Die schrien und lachten alle drei,
als dort das Mohrchen ging vorbei,
weil es so schwarz wie Tinte sei!

Da kam der große Nikolas
Mit seinem großen Tintenfaß.
Der sprach: »Ihr Kinder, hört mir zu
Und laßt den Mohren hübsch in Ruh'!
Was kann denn dieser Mohr dafür,
Daß er so weiß nicht ist, wie ihr?«
Die Buben aber folgten nicht
Und lachten ihm ins Angesicht
Und lachten ärger als zuvor
Über den armen schwarzen Mohr.

Der Niklas wurde bös und wild,
Du siehst es hier auf diesem Bild!
Er packte gleich die Buben fest,
Beim Arm, beim Kopf, bei Rock und West',
Den Wilhelm und den Ludewig,
Den Kaspar auch, der wehrte sich.
Er tunkt sie in die Tinte tief,
Wie auch der Kaspar: Feuer! rief.
Bis übern Kopf ins Tintenfaß
Tunkt sie der große Nikolas.

Du siehst sie hier, wie schwarz sie sind,
Viel schwärzer als das Mohrenkind!
Der Mohr voraus im Sonnenschein,
Die Tintenbuben hinterdrein;
Und hätten sie nicht so gelacht,
Hätt' Niklas sie nicht schwarz gemacht.

DIE GESCHICHTE VOM
WILDEN JÄGER

Es zog der wilde Jägersmann
Sein grasgrün neues Röcklein an;
Nahm Ranzen, Pulverhorn und Flint' –
Und lief hinaus ins Feld geschwind.

Er trug die Brille auf der Nas'
Und wollte schießen tot den Has.

Das Häschen sitzt im Blätterhaus
Und lacht den blinden Jäger aus.

Die Geschichte vom wilden Jäger.

Jetzt schien die Sonne gar zu sehr,
Da ward ihm sein Gewehr zu schwer.
Er legte sich ins grüne Gras;
Das alles sah der kleine Has.
Und als der Jäger schnarcht' und schlief,
Der Has ganz heimlich zu ihm lief
Und nahm die Flint' und auch die Brill'
Und schlich davon ganz leis' und still.

Die Brille hat das Häschen jetzt
Sich selbst auf seine Nas' gesetzt;
Und schießen will's aus dem Gewehr.
Der Jäger aber fürcht' sich sehr.
Er läuft davon und springt und schreit:
»Zu Hilf', ihr Leut'! Zu Hilf', ihr Leut'!«

Da kommt der wilde Jägersmann
Zuletzt beim tiefen Brünnchen an,
Er springt hinein. Die Not war groß;
Es schießt der Has die Flinte los.

Des Jägers Frau am Fenster saß
Und trank aus ihrer Kaffeetass'.
Die schoß das Häschen ganz entzwei;
Da rief die Frau: »O wei! O wei!«
Doch bei dem Brünnchen heimlich saß
Des Häschens Kind, der kleine Has.
Der hockte da im grünen Gras;
Dem floß der Kaffee auf die Nas'.
Er schrie: »Wer hat mich da verbrannt?«
Und hielt den Löffel in der Hand.

DIE GESCHICHTE
VOM DAUMENLUTSCHER

»Konrad!« sprach die Frau Mama,
»Ich geh' aus und du bleibst da.
Sei hübsch ordentlich und fromm.
Bis nach Haus ich wieder komm'.
Und vor allem, Konrad, hör'!
Lutsche nicht am Daumen mehr;
Denn der Schneider mit der Scher'
Kommt sonst ganz geschwind daher,
Und die Daumen schneidet er
Ab, als ob Papier es wär'.«

Fort geht nun die Mutter und
Wupp! Den Daumen in den Mund.

Die Geſchichte
vom Daumenlutſcher.

Bauz! Da geht die Türe auf,
Und herein in schnellem Lauf
Springt der Schneider in die Stub'
Zu dem Daumen-Lutscher-Bub.
Weh! Jetzt geht es klipp und klapp
Mit der Scher' die Daumen ab,
Mit der großen scharfen Scher'!
Hei! Da schreit der Konrad sehr.

Als die Mutter kommt nach Haus,
Sieht der Konrad traurig aus.
Ohne Daumen steht er dort,
Die sind alle beide fort.

DIE GESCHICHTE
VOM SUPPEN-KASPAR

Der Kaspar, der war kerngesund,
Ein dicker Bub und kugelrund,
Er hatte Backen rot und frisch;
Die Suppe aß er hübsch bei Tisch.
Doch einmal fing er an zu schrei'n:
»Ich esse keine Suppe! Nein!
Ich esse meine Suppe nicht!
Nein, meine Suppe ess' ich nicht!«

Die Geſchichte vom Suppen-Kaſpar.

Am nächsten Tag, – ja sieh nur her!
Da war er schon viel magerer.
Da fing er wieder an zu schrei'n:
»Ich esse keine Suppe! Nein!
Ich esse meine Suppe nicht!
Nein, meine Suppe ess' ich nicht!«

Am dritten Tag, o weh und ach!
Wie ist der Kaspar dünn und schwach!
Doch als die Suppe kam herein,
Gleich fing er wieder an zu schrei'n:
»Ich esse keine Suppe! Nein!
Ich esse meine Suppe nicht!
Nein, meine Suppe ess' ich nicht!«

Am vierten Tage endlich gar
Der Kaspar wie ein Fädchen war.
Er wog vielleicht ein halbes Lot –
Und war am fünften Tage tot.

5.

DIE GESCHICHTE
VOM ZAPPEL-PHILIPP

»Ob der Philipp heute still
Wohl bei Tische sitzen will?«
Also sprach in ernstem Ton
Der Papa zu seinem Sohn,
Und die Mutter blickte stumm
Auf dem ganzen Tisch herum.
Doch der Philipp hörte nicht,
Was zu ihm der Vater spricht.
Er gaukelt
Und schaukelt,
Er trappelt
Und zappelt
Auf dem Stuhle hin und her.
»Philipp, das mißfällt mir sehr!«

Die Geschichte vom Zappel=Philipp.

Seht, ihr lieben Kinder, seht,
Wie's dem Philipp weiter geht!
Oben steht es auf dem Bild.
Seht! Er schaukelt gar zu wild,
Bis der Stuhl nach hinten fällt;
Da ist nichts mehr, was ihn hält;
Nach dem Tischtuch greift er, schreit.
Doch was hilft's? Zu gleicher Zeit
Fallen Teller, Flasch' und Brot,
Vater ist in großer Not,
Und die Mutter blicket stumm
Auf dem ganzen Tisch herum.

Nun ist Philipp ganz versteckt,
Und der Tisch ist abgedeckt.
Was der Vater essen wollt',
Unten auf der Erde rollt;
Suppe, Brot und alle Bissen,
Alles ist herabgerissen;
Suppenschüssel ist entzwei,
Und die Eltern stehn dabei.
Beide sind gar zornig sehr,
Haben nichts zu essen mehr.

DIE GESCHICHTE VOM
HANNS GUCK-IN-DIE-LUFT

Wenn der Hanns zur Schule ging,
Stets sein Blick am Himmel hing.
Nach den Dächern, Wolken, Schwalben
Schaut er aufwärts, allenthalben:
Vor die eignen Füße dicht,
Ja, da sah der Bursche nicht,
Also daß ein jeder ruft:
»Seht den Hanns Guck-in-die-Luft!«

Kam ein Hund daher gerannt;
Hännslein blickte unverwandt
In die Luft.
Niemand ruft:
»Hanns! Gib acht, der Hund ist nah!«
Was geschah?
Pauz! Perdauz! – Da liegen zwei!
Hund und Hännschen nebenbei.

Die Geschichte vom Hanns Guck=in=die=Luft.

Einst ging er an Ufers Rand
Mit der Mappe in der Hand.
Nach dem blauen Himmel hoch
Sah er, wo die Schwalbe flog,
Also daß er kerzengrad
Immer mehr zum Flusse trat.
Und die Fischlein in der Reih'
Sind erstaunt sehr, alle drei.

Noch ein Schritt! Und plumps! Der Hanns
Stürzt hinab kopfüber ganz! –
Die drei Fischlein, sehr erschreckt,
Haben sich sogleich versteckt.

Doch zum Glück da kommen zwei
Männer aus der Näh' herbei,
Und sie haben ihn mit Stangen
Aus dem Wasser aufgefangen.

Seht! Nun steht er triefend naß!
Ei! Das ist ein schlechter Spaß!
Wasser läuft dem armen Wicht
Aus den Haaren ins Gesicht,
Aus den Kleidern, von den Armen;
Und es friert ihn zum Erbarmen.

Doch die Fischlein alle drei,
Schwimmen hurtig gleich herbei;
Strecken's Köpflein aus der Flut,
Lachen, daß man's hören tut,
Lachen fort noch lange Zeit;
Und die Mappe schwimmt schon weit.

DIE GESCHICHTE VOM FLIEGENDEN ROBERT

Wenn der Regen niederbraust,
Wenn der Sturm das Feld durchsaust,
Bleiben Mädchen oder Buben
Hübsch daheim in ihren Stuben. –
Robert aber dachte: Nein!
Das muß draußen herrlich sein! –
Und im Felde patschet er
Mit dem Regenschirm umher.

Die Geschichte
vom fliegenden Robert.

Hui, wie pfeift der Sturm und keucht,
Daß der Baum sich niederbeugt!
Seht! Den Schirm erfaßt der Wind,
Und der Robert fliegt geschwind
Durch die Luft so hoch, so weit;
Niemand hört ihn, wenn er schreit.
An die Wolken stößt er schon,
Und der Hut fliegt auch davon.

Schirm und Robert fliegen dort
Durch die Wolken immerfort.
Und der Hut fliegt weit voran,
Stößt zuletzt am Himmel an.
Wo der Wind sie hingetragen,
Ja! das weiß kein Mensch zu sagen.

Die Struwwel-Liese
oder
lustige Geschichten
und
drollige Bilder
für Kinder

Die Struwwel-Liese

oder

Lustige Geschichten

und

drollige Bilder für Kinder

von

Dr. J. Lütje

Mit Zeichnungen von
F. Maddalena

Die Struwwel-Liese

oder

lustige Geschichten und drollige Bilder

für Kinder

von

DR. J. LÜTJE

Mit Zeichnungen von

F. Maddalena

DIE STRUWWEL-LIESE

Ich komm' mit geröteten Wangen
In Euer gastliches Haus,
Ein Mägdelein, schüchtern, befangen,
Und bitte: »Lacht mich nicht aus«:
Es hat mich immer verdrossen,
Dass vom Struwwelpeter es hieß:
»Den hat man in' s Herz geschlossen«
Und nicht auch die »Struwwel-Lies«:
D'rum, wenn in die Kinderstuben
Der Weihnachtsmann tritt herein,
Der »Peter« gehört für die Buben,
Das »Liesel« den Mägdelein!

Seht einmal, wie gähnt sie,
Alle Glieder dehnt sie;
Ungewaschen, ungekämmt,
Rock zerrissen bis auf's Hemd,
Loch im Strumpf und Loch im Schuh,
Pfui, Du garst'ges Liesel Du!

DAS MUTWILLIGE LIESEL

Ein Püppchen mit goldenem Lockenhaar,
Mit roten Bäckchen und Augen so klar,
Ein Püppchen mit seidenem Hut und
     Schuh,
In duftigem Kleide und Gürtel dazu,
Das hatte Knecht Ruprecht dem Liesel
     gebracht,
O Liesel, nimm ja Deine Puppe in Acht!

Das mutwillige Liesel

Zwei Tage hatte Lieschen
die Puppe geherzt
Und mit ihr geplaudert und
mit ihr gescherzt.

Am dritten Tag' jedoch
mochte sie, nein,
Gar nicht mehr bei
ihrer Puppe sein.

Und die war doch
so artig und gut;
O Liesel, so sei doch
auf Deiner Hut.

Am vierten Tage
da zauste es gar
Der Puppe das
seidene Lockenhaar.

Und riss ihr das Kleidchen
ganz entzwei;
Der Phylar steht
verwundert dabei.

Er brummt und knurrt
in sich hinein:
»Du böses Liesel,
lass das sein!«

Doch das garstige Liesel
schämt sich nicht
Und zerkratzt dem Püppchen
das liebe Gesicht.

Zerrissen sind längst schon
Schuhe und Hut,
Aus dem linken Bein da
sickert das Blut.

Und der Spitz bellt laut
und heult dazu.
Pfui, Du grausames
Liesel Du!

Da nimmt das Lieschen
die Puppe beim Schopf
Und wirft sie dem Phylar
an den Kopf.

Doch dieser keinen Spaß verstand
Und biss das Liesel in die Hand.
Das tut so weh, da schrie es sehr,
Nun quält es nie eine Puppe mehr!

DAS NASCHHAFTE LIESCHEN

Lieschen war ein gutes Kind,
Folgte der Mama geschwind,
War gehorsam ihrem Worte,
Aber ach, es aß gern Torte.
Wo es etwas konnt' erhaschen,
Was zum Schlecken oder Naschen,
Sei es Honig oder Kuchen,
Gleich wollt' es dies auch versuchen,
Und so hat es sich zum Schaden
Oft den Magen überladen.

Das naschhafte Lieschen

Heute stand nun auf dem Tisch
Geburtstagskuchen schön und frisch,
Reich verziert mit Marzipan,
Lieschen guckt ihn gierig an.
Herrlich träufelnd in die Luft
Steigt der süße Kuchenduft,
Breitet aus sich im Gemach,
Lieschen schnuppert schon danach;
Nur mal riechen will es bloß,
Na, nun geht das Unglück los.

Seht, da steht es auf der Bank,
Wo es ihm gar bald gelang,
All' die Küchenmelodie'n
In die Nase einzuzieh'n.

Ach, da war's um sie geschehen,
Und sie konnt' nicht widerstehen.

Happs! Schon ist ein Stück im Mund,
Rasch verschwindet es im Schlund,
Und von da aus ohne Fragen
Rutscht der Kuchen in den Magen.

Aber ach, schon sieht man hier
Die Vergeltung auch dafür.

Lieschen spürt sogleich beim Bücken
Übelkeit und Magendrücken;
Weil der Kuchen frisch noch war,
Wird er nun im Magen gar.

Vierzehn Tage Magenweh,
Nichts dazu als Fliedertee.

Als das Übel sich verlor,
Gab's auch noch was hinten vor.

DIE UNARTIGEN SCHWESTERN

Sinnig, artig und bescheiden
Seh'n wir Gret' und Lieschen oft.

Die unartigen Schwestern

Doch die Wandlung kommt bei beiden
Plötzlich und ganz unverhofft.

Doch der Vater hat's gesehen,
Und die Strafe folgt sofort –
's hilft kein Schreien und kein Flehen –
Auf dem dritten Bilde dort.

DAS SCHLAFMÜTZIGE LIESEL

Liesel will am Morgen schier
Aus dem Bett nicht steigen,
Immer muss die Mutter ihr
Erst die Rute zeigen.

Heut' schon wieder liegt sie da
Wie ein Klotz im Bette,
Längst schon auf ist die Mama
Und die gute Jette.

Das schlafmützige Liesel

Sonne guckt zum Fenster rein
Ganz verwundert eben,

»Muss dem faulen Lieselein
Nasenstüber geben!«

»Hatschi« ist es aufgewacht,
Dehnt und streckt die Glieder –
Augen wieder zugemacht,
Plumps, da schläft es wieder.

Sonne zieht ein schief' Gesicht,
Ruft dem schnellen Winde
Und es naht der lose Wicht
Unserm faulen Kinde.

An den Locken mit Gebraus
Zaust er fest das Tröpfchen –

Liesel macht sich nichts daraus
Und versteckt das Köpfchen.

Sonne holt die Feuerwehr
Mit der großen Spritze
Und nun dringt ein Wassermeer
Durch die Fensterritze.

Klitsche, klatsche ins Gesicht,
Arme, Brust und Füße;
Ja, nun hilft das Schreien nicht,
Kleine, faule Liese!

Seht, da steht sie pudelnass,
Hemdchen tropft am Kinde,
Doch Frau Sonne macht es Spaß
Und dem losen Winde.

Hei, wie hat der kalte Strahl
Lieschen 'rausgetrieben!
Ist es später noch einmal
Faul im Bett geblieben?

VOM LIESCHEN, DAS NICHT BETEN WOLLTE

Wenn mein Kindlein geht zur Ruh',
Faltet es die Hände,
Flüstert leis' dem Heiland zu,
Dass er Engel sende;
Und die Englein stehen schnell
Ihm zu Kopf und Füßen,
Woll'n mit Träumen lieb und hell
Ihm den Schlaf versüßen.

Dann im Traume darf mein Kind
Auf zum Himmel schweben,
Wo die gold'nen Sterne sind
Und der Mond daneben;
Wo der Eng'lein holde Schar
Singt und jubilieret,
Und zu Freuden wunderbar
Unser Kindlein führet.

Vom Lieschen, das nicht beten wollte

Das Lieschen hat heute zu beten vergessen,
Ist lang' zwar im Bette noch aufrecht gesessen,
Doch es denkt, es wäre ja nicht mehr so klein
Und könne auch mal ohne Schutzengel sein.
So legt es sich ohne Nachtgebet nieder,
Gähnt noch einmal und schließt die Lider.
Schutzengelein aber im Himmel erschrickt,
Sobald es von oben das Liesel erblickt,
Denn es darf ja nun nicht hinunterfahren
Und vor Leid und Unheil klein Liesel bewahren.

Kennt Ihr, die sich hier verstecken,
Hinter Stühlen, in den Ecken
Heimlich kichern, leise scharren,
Jeden haben sie zum Narren.

Necken, foppen, skandalieren,
Listig lauern hinter Türen.
Wo die Eng'lein zieh'n hinaus,
Kommt die Koboldschar ins Haus.

Seht, schon zwicket da der eine
Uns'rem Liesel in die Beine,
Jener zupft es gar am Haar,

Und die and're lose Schar
Zieht die Decke oben los,
Und klein Lieschen liegt ganz bloß.

Jetzt fährt sie im Bett empor,
»Hui«, verschwunden ist das Korps.

Nur ein Kichern tönt versteckt,
Lieschen hat sich zugedeckt.

Seht, da öffnet sich die Tür;
Mit dem großen Sack
Tritt Knecht Ruprecht jetzt herfür,
Trägt ihn huckepack.

Doch die Rute unter'm Arm
Hält er drohend hin,
Lieschen wird es kalt und warm
Und betrübt zu Sinn;
Heult und schreit und jammert nun:
»Will's gewiss nicht wieder tun!«

Und Knecht Ruprecht mahnend spricht:
»Diesmal straf' ich dich noch nicht
Und entfern' mich still;
Hast es nun ja selbst geseh'n,
Was dem Kinde wird gescheh'n,
Das nicht beten will!«

Lieschen ist vom Schlaf erwacht,
Faltet schnell die Hände,
Fleht, dass Gott in dieser Nacht
Noch ihr Hilfe sende.
Und die Eng'lein stehen schnell
Ihm zu Kopf und Füßen,
Woll'n mit Träumen lieb und hell
Ihm den Schlaf versüßen.

Jörg Zink
Die Kinderbibel
208 Seiten, durchgehend
vierfarbig, gebunden
ISBN: 978-3-86820-163-5

Kindgerechte,
liebevoll
gestaltete Bibel

Kennen Sie den Fischerjungen David? Und den Esel Joram und seine Familie? Jörg Zink wird Sie in seiner Kinderbibel mit ihnen bekannt machen! Sie sind die Hauptfiguren in einer Rahmengeschichte, die zur Zeit Jesu spielt und somit den Geschichten des Alten und des Neuen Testaments ihren »Sitz im Leben« zurückgeben: Sie werden zu Erzählungen, die mit dem Alltag von Kindern vor 2.000 Jahren wie dem der Kinder heute etwas zu tun haben und daher für Kinder leicht zu begreifen ist. Die liebevollen Illustrationen von Pieter Kunstreich und die kraftvolle Sprache von Jörg Zink machen diese Kinderbibel zu einem ganz besonderen Werk.

www.nikol-verlag.de

NIKOL
VERLAG